Commentaire

Par Adèle Dion

Confessions

La problématique du temps

Augustin

lePetitPhilosophe.fr

AUGUSTIN

- **Né en 354 à Thagaste (Algérie)**
- **Décédé en 430 à Hippone (Algérie)**
- **Quelques-unes de ses œuvres :**
    - *Confessions* (397-401)
    - *De la Trinité* (399-419)
    - *La Cité de Dieu* (413-426)

Augustin est un **philosophe et théologien chrétien** né d'un père romano-africain et d'une mère berbère chrétienne, sainte Monique. Il est donc le double héritier d'une **culture païenne et chrétienne**. Son départ pour Milan et sa **rencontre avec saint Ambroise** le détachent petit à petit du manichéisme (doctrine du prophète Mani selon laquelle l'univers est un champ de bataille entre les forces du bien et du mal, entre la lumière et les ténèbres) et l'ouvrent aux Écritures. Suite à sa **conversion définitive en 386**, il consacre sa vie à la lecture et à la compréhension des Écritures.

LES CONFESSIONS

UNE AUTOBIOGRAPHIE SPIRITUELLE

Les *Confessions* sont une **œuvre autobiographique** écrite par Augustin entre 397 et 401 dans laquelle il expose **sa quête de Dieu**. L'œuvre est composée de **treize livres**. Dans les neuf premiers, le théologien décrit sa vie et confesse ses péchés de sa naissance à la mort de sa mère. Il prie Dieu de lui pardonner ses fautes, aussi bien celles de son enfance et de son adolescence que celles de sa vie d'adulte en quête de sens à Milan. Les quatre derniers livres exposent ses questionnements, nés de sa conversion, au sujet des Écritures. Il y proclame la gloire de Dieu et implore ce dernier de l'aider dans sa recherche de la vérité.

MISE EN CONTEXTE

CONTEXTE HISTORIQUE ET PHILOSOPHIQUE

En **312**, l'empereur Constantin (vers 270-337) élève **le christianisme au rang de religion d'État**, aux côtés de la religion traditionnelle romaine, puis, en 380, Théodose Ier (347-395) l'impose comme **seule religion officielle**. C'est alors que la répression contre les hérétiques commence, de même que le déclin de l'Empire romain que certains imputent à la religion chrétienne.

La pensée d'Augustin s'inscrit en outre dans un **double contexte philosophique et théologique** porteur de tendances contradictoires :

- d'une part, la philosophie ambiante est marquée par un **néoplatonisme** empreint de **manichéisme**. Le néoplatonisme est une doctrine philosophique élaborée entre autres par Plotin (205-270) qui tente de concilier la philosophie de Platon (vers 427-347 av. J.-C.) et certains courants de spiritualité orientale. Elle est fondée sur la croyance en un principe premier appelé l'Un ;
- d'autre part, sur le plan théologique, on trouve les **thèses du moine Pélage** (vers 360-422), lequel considère que tout chrétien peut atteindre la sainteté par ses propres forces et son libre arbitre. Cette pensée considérée par l'Église catholique comme hérétique sera également critiquée par Augustin. En effet, ce dernier ne peut concevoir que l'homme puisse se sauver sans l'aide de Dieu.

LA STRUCTURE DES *CONFESSIONS*

Une méditation sur le passé

Les *Confessions* est **la première autobiographie jamais écrite**. La question du temps y est fondamentale. En effet, dans ses *Confessions*, **Augustin retrace l'histoire de sa vie et les évènements qui l'ont conduit à Dieu**. Il commence, dans le premier livre, par traiter de sa condition d'enfant, laquelle n'était pas exempte de péchés et du vil plaisir des sens. Il reconnait à cette époque déjà la présence de Dieu qui, à travers sa mère, le nourrissait et l'éduquait. Dès le livre 2, il aborde son adolescence et les plaisirs des jeux, des spectacles, des bavardages et de la chair. Le péché charnel restera pendant longtemps, pour Augustin, un problème important. À ce sujet, il s'oppose au manichéisme, qui nie le fait que l'homme soit responsable des fautes qu'il commet. Pour Augustin, **la cause du péché réside dans la volonté humaine qui, bien que reçue de Dieu, est libre de choisir**. Dieu punit donc légitimement les créatures pècheresses. Augustin est conscient de s'être laissé duper par de faux-semblants, des croyances erronées l'ayant éloigné de Dieu et de la vérité, et **implore le Seigneur de lui pardonner ses fautes**.

Parmi celles-ci, on peut citer :

- l'amour du jeu lequel implique l'orgueil de la victoire et des spectacles ;
- le péché de vol sans nécessité, pour le seul plaisir complice de faire le mal ;
- les plaisirs du ventre, de la vue, de l'ouïe et du toucher.

Tous ces maux relèvent de la concupiscence (du plaisir des sens). Augustin reconnait **qu'il faut s'en éloigner pour chercher le souverain Bien, qui se trouve en Dieu seul**.

Au livre 5, Augustin relate son départ pour Milan et sa rencontre avec saint Ambroise (vers 340-397) qui, sans le savoir, le rapproche de Dieu. C'est à cette époque qu'il se sépare définitivement des manichéens, sans pourtant être encore chrétien. En effet, la question du célibat lui pose toujours problème. Il commence alors à **s'interroger sur la nature de Dieu**, mais peine à croire en lui comme esprit, ayant du mal à se détacher des choses corporelles. Ses questions portent sur la présence de Dieu dans les objets du monde, sur l'origine du mal ou encore sur la nature de la volonté, capable du bien comme du mal.

Survient au livre 9 l'évocation de sa **conversion**, de son baptême et de son départ de l'enseignement, suivis de près par le **décès de sa mère**. S'ensuivent alors de longs chapitres dans lesquels il fait l'éloge de sa mère, celle-ci ayant été bonne aussi bien envers lui qu'envers Dieu.

Une méditation sur le présent et le futur

Le **livre 10**, à partir duquel débutent ses **interrogations philosophiques**, est l'un des plus importants pour comprendre la notion augustinienne de temps. En effet, Augustin s'y interroge sur la connaissance de Dieu, des Écritures, de la création et bien entendu du temps. Plus précisément, il aborde **la problématique de la mémoire et des souvenirs**, laquelle est intrinsèquement **liée à celle du temps**. De fait, selon le philosophe, la conscience du temps n'est possible que parce que l'homme est capable de se souvenir, de retenir le passé par la mémoire et de devancer l'avenir par l'attente.

S'il traite de la mémoire, c'est qu'Augustin s'interroge sur le fait qu'il connait Dieu alors même qu'il n'en a pas fait l'expérience par les sens (Dieu est certes présent dans sa création, mais il n'est aucune de ses créatures). Il y aurait donc dans la mémoire un savoir qui ne vient pas des sens, et la connaissance de Dieu relèverait de ce savoir non sensible. Aussi faut-il pour accéder au Seigneur, se détacher des choses sensibles. Dieu n'est pas à chercher au travers des sens, il est au-dedans de nous-mêmes, dans notre mémoire. Être particulier de sa création, il est seul capable de s'élever au-delà du simple monde sensible.

Le **livre 11**, quant à lui, aborde d'abord l'acte de création divin afin de traiter ensuite du **temps des créatures**, lequel **s'oppose à l'éternité propre à Dieu**. Augustin décrit par ailleurs le temps humain comme une énigme : « Si personne ne me pose la question, je le sais ; si quelqu'un pose la question et que je veuille l'expliquer, je ne sais plus. » Nous reviendrons sur cette question dans le commentaire qui suit.

Enfin, dans le **livre 12**, Augustin traite longuement de **la création du ciel et de la terre** à partir de rien, et se questionne sur les commentaires erronés que certains ont fait des Écritures. Pour finir, **il remercie Dieu** pour toutes ces choses qu'il a créées à son image, dont l'homme.

Comme on le constate, la problématique du temps, si elle est présente en filigrane tout au long de l'œuvre du fait qu'il s'agit d'une autobiographie, apparait explicitement après qu'Augustin s'est questionné sur la mémoire, et donc sur la capacité de l'homme à connaitre et à reconnaitre les choses qui l'entourent, dans lesquelles Dieu est présent. Il aborde le temps des créatures en parallèle à l'éternité du créateur avant de traiter à proprement parler de la création du ciel et de la terre. En effet, son questionnement sur l'acte de création de Dieu, entamé dès le chapitre 5 du livre 11, fait apparaitre la nécessité de traiter du temps des créatures avant de se pencher sur la problématique de la création à part entière, la parole créatrice de Dieu ne pouvant être soumise à la loi du temps. Il laisse donc en suspens le problème de la création pour aborder d'abord celui du temps de la créature. Ce n'est qu'au chapitre 12 qu'il s'y arrêtera plus en profondeur, traitant du ciel et de la terre.

TEXTE

Chapitre 18 : le passé et l'avenir nous sont présents dans les représentations de notre présent

Si le futur et le passé existent, je veux savoir où ils sont. Si je n'en suis pas encore capable, je sais du moins que, où qu'ils soient, ils n'y sont ni en tant que futur, ni en tant que passé, mais en tant que présent. Car si le futur y est en tant que futur, il n'y est pas encore ; si le passé y est en tant que passé, il n'y est plus. Où donc qu'ils soient, quels qu'ils soient, ils ne sont qu'en tant que présent. Lorsque nous faisons du passé des récits véritables, ce qui vient de notre mémoire, ce ne sont pas les choses elles-mêmes, qui ont cessé d'être, mais des termes conçus à partir des images des choses, lesquelles en traversant nos sens ont gravé dans notre esprit des sortes d'empreintes. Mon enfance, par exemple, qui n'est plus, est dans un passé disparu lui aussi ; mais lorsque je l'évoque et la raconte, c'est dans le présent que je vois son image, car cette image est encore dans ma mémoire.

La prédiction de l'avenir se fait-elle selon le même mécanisme ? Les évènements qui ne sont pas encore, sont-ils représentés à l'avance dans notre esprit par des images déjà existantes ? J'avoue, mon Dieu, que je l'ignore. Mais ce que je sais, c'est que d'habitude nous préméditons nos actions futures, que cette préméditation appartient au présent, tandis que l'action préméditée n'est pas encore, étant future. Lorsque nous l'aurons entreprise, et que nous nous serons mis à réaliser ce que nous avions prémédité, alors l'action existera, puisqu'elle sera à ce moment non plus future, mais présente.

Chapitre 20 : premier résultat de la recherche

Ce qui m'apparaît maintenant avec la clarté de l'évidence, c'est que ni l'avenir, ni le passé n'existent. Ce n'est pas user de termes propres que de dire : « Il y a trois temps, le passé, le présent et l'avenir. » Peut-être dirait-on plus justement : « Il y a trois temps : le présent du passé, le présent du présent et le présent du futur. » Car ces trois sortes de temps existent dans notre esprit et je ne les vois pas ailleurs. Le présent du passé c'est la mémoire ; le présent du présent c'est l'intuition directe ; le présent de l'avenir, c'est l'attente. Si l'on me permet de m'exprimer ainsi, je vois et j'avoue qu'il a trois temps, oui il y en a trois.

Chapitre 28 : nous mesurons l'avenir par l'attente

Mais comment l'avenir, qui n'est pas encore, peut-il s'amoindrir et s'épuiser ? Comment le passé, qui n'est plus, peut-il s'accroître, si ce n'est parce que dans l'esprit, auteur de ces transformations, il s'accomplit trois actes : l'esprit attend, il est attentif et il se souvient. L'objet de son attente passe par son attention et se change en souvenir. Qui donc ose nier que le futur ne soit pas encore ? Cependant l'attente du futur est déjà dans l'esprit. Et qui conteste que le passé ne soit plus ? Pourtant le souvenir du passé est encore dans l'esprit. Y a-t-il enfin quelqu'un pour nier que le présent n'ait point d'étendue, puisqu'il n'est qu'un point évanescent ? Mais elle dure, l'attention par laquelle ce qui va être son objet, tend

à ne l'être plus. Ainsi ce qui est long, ce n'est pas l'avenir :
il n'existe pas. Un long avenir, c'est une longue attente de
l'avenir. Ce qui est long, ce n'est pas le passé, qui n'existe pas
davantage. Un long passé, c'est un long souvenir du passé.

AUGUSTIN, *Confessions*, Paris, GF-Flammarion, 1964,
livre 11, p. 267-279.

EXPLICATION ET ANALYSE DU TEXTE

LE PROBLÈME DE LA CRÉATION ET DE LA GENÈSE

Comme nous l'avons évoqué précédemment, Augustin en vient à **aborder la question du temps suite à ses interrogations sur la mémoire**, présentes dans le livre 10.

Dans le **livre 11**, Augustin **démarre sa réflexion à partir de l'acte de création de Dieu**. Selon les Écritures, Dieu aurait créé le ciel, la terre et les créatures vivantes en sept jours. Ainsi, s'il devait répondre à cette absurde question « Que faisait Dieu avant la création ? », Augustin répondrait : « Rien » ou « Je ne sais pas » (livre 11, chapitre 10, p. 260). Selon lui, cette question n'a pas lieu d'être dans le sens où on ne peut pas concevoir un temps avant la création puisque **Dieu créa et le monde et le temps. Dieu est donc en dehors du temps**. Par conséquent, se questionner sur un « avant » ou un « après » le concernant est hors de propos. Tous les termes qualifiant le passage du temps ne peuvent être utilisés pour parler de Dieu, lequel domine toutes choses « de la hauteur de son éternité toujours présente » (livre 11, chapitre 14, p. 263). Augustin explique que, dans l'éternité, rien n'est successif, mais au contraire tout est présent, tandis que le temps est « la succession d'une multitude d'instants » (livre 11, chapitre 11, p. 261).

Augustin se voit alors contraint de traiter en profondeur la problématique du temps afin de répondre à ces questions : **« Qu'est-ce que le temps ? »**, « Qu'est-ce que le passé et l'avenir, eux qui ne sont plus ou pas encore ? », « Qu'en est-il du présent, lui qui passe sans cesse ? », « Peut-on mesurer le temps s'il fuit constamment ? », « Comment mesurer le passé et l'avenir puisqu'ils ne sont plus ou pas encore ? », « Puisqu'on peut les concevoir et en parler, ils existent mais comment ? »

LE PASSÉ ET L'AVENIR COMME REPRÉSENTATIONS DE L'ESPRIT

Augustin s'interroge dans le chapitre 18 du livre 11 (premier extrait) sur **le passé et l'avenir** : « Où sont-ils ? » Bien que ne sachant répondre à cette question, il sait que, où qu'ils soient, ils **n'existent pas en tant que passé et futur, mais comme présent**. En effet, le passé n'étant plus et l'avenir n'étant pas encore, ce que l'on en perçoit est inévitablement présent. Lorsque nous parlons de faits passés, nous utilisons notre mémoire pour puiser dans nos souvenirs les images des choses que nous avons vues et vécues. Dès lors, **ce à quoi nous avons accès dans notre mémoire**, ce ne sont pas les choses elles-mêmes (qui aujourd'hui ne sont plus), mais **des images des choses**. Et ces images, **elles, sont bien présentes**. Autrement dit, quand nous évoquons des faits du passé, c'est dans le présent que nous nous en souvenons : c'est aujourd'hui que les images du passé nous reviennent en mémoire.

Augustin pose le même problème quant à l'avenir et la prédiction de celui-ci. Qu'en est-il des évènements qui ne sont pas encore ? Sont-ils eux aussi représentés en images par avance dans l'esprit ? Il semble que oui. Au même titre que les faits passés, **les actes futurs existent déjà en quelque sorte dans l'esprit**. En effet, lorsque nous préméditons des actes futurs, cesdits actes sont déjà présents, maintenant, comme images dans la mémoire. Bien qu'ils ne soient pas encore, on se les représente par avance dans notre esprit de sorte qu'ils sont présents en nous. La préméditation appartient donc au présent, alors même que les actes qui seront posés dans le futur n'existent pas encore. Ceux-ci ne seront présents que lorsque nous aurons entrepris de les réaliser.

Passé et futur nous sont donc présents comme représentations de l'esprit, en tant qu'images des faits passés ou futurs.

L'EXISTENCE DE TROIS TEMPS

Bien que le passé et l'avenir n'existent pas — étant donné qu'ils ne sont plus ou pas encore —, **il y a tout de même trois temps**, explique Augustin dans le chapitre 20 (deuxième extrait) :

- le présent du passé ;
- le présent du présent ;
- le présent du futur.

Ces trois sortes de temps **existent tous dans notre esprit en tant que représentations**, et ce même si le passé et le futur n'existent pas réellement :

- si le passé nous est présent, bien que n'étant plus, c'est grâce à **la mémoire** ;
- si le présent nous est présent, c'est par **l'intuition**

directe ;

- si le futur nous est présent, bien que n'étant pas encore, c'est grâce à **l'attente**.

C'est ainsi grâce à la puissance de notre esprit, lequel garde gravé en lui les évènements passés et anticipe les évènements futurs, que nous pouvons dire que le passé et l'avenir sont au présent. Par exemple, lorsque, rentrant de l'école, un enfant raconte à ses parents le déroulement de sa journée, les choses qu'il a faites ne sont plus. Par contre, se concentrant sur ses souvenirs, il visualise les images de ses diverses actions et est alors capable de les narrer à autrui. S'il peut le faire, c'est que son esprit a retenu les images de ces faits. Il en va de même de la prédiction du futur. Par exemple, tout en racontant sa journée, il se représente déjà en train de savourer son gouter. Bien que ne l'ayant pas encore mangé, il peut tout de même déjà s'imaginer le dévorant. Alors même qu'il ne mange pas encore, que cet acte n'est pas encore, l'attente qui est la sienne est quant à elle déjà présente.

Ces notions de mémoire et d'attente, on les retrouvera bien plus tard chez des philosophes comme Edmund **Husserl** (1859-1938) et Maurice **Merleau-Ponty** (1908-1961) sous les termes de « protensions » et de « rétentions ». En effet, Merleau-Ponty parlant d'Husserl dira : « Husserl appelle protensions et rétentions les intentionnalités qui m'ancrent dans un entourage. Elles ne partent pas d'un Je central, mais en quelque sorte de mon champ perceptif lui-même qui traine après lui son horizon de rétentions et mord par ses protensions sur l'avenir. » (*Phénoménologie de la perception*,

Paris, Gallimard, 1985, p. 478)

En effet, Husserl emploie les termes de « protensions » et de « rétentions » pour expliquer comment se constitue la perception. Lorsque nous percevons un objet du monde, nous avons de celui-ci des images à chaque moment différentes. Si nous parvenons, malgré ces images changeantes, à percevoir l'objet comme une seule et même chose, ce n'est que parce que la conscience retient (mémoire) les images tout juste perçues : les rétentions. Cette même conscience peut également prévoir (prédiction) les images qui vont bientôt se donner à voir : les protensions. C'est ainsi que la conscience, bien que présente, peut maintenir des images passées et prévoir des images futures de la chose perçue.

En ce sens, chez ces auteurs également, le temps se compose de trois moments : le passé, le présent et l'avenir. Ils diront, tout comme Augustin, que le souvenir tout comme la prédiction, c'est-à-dire le passé comme le futur, n'existent que par le présent.

LE SOUVENIR COMME MESURE DU PASSÉ ET L'ATTENTE COMME MESURE DE L'AVENIR

Mais il reste encore une question en suspens pour Augustin : **comment pouvons-nous mesurer le temps ?** Comment le temps peut-il nous paraitre long alors même que nous ne sommes qu'au présent, lequel est un point du temps qui sans cesse passe ? Il se penche sur ce problème dans le chapitre 28 (troisième extrait). La réponse se situe selon lui une fois de plus dans l'esprit, seul endroit où passé et futur existent en tant qu'images. **Dans l'esprit s'opèrent trois actes : « L'esprit attend, il est attentif et il se souvient. »**

C'est par l'attente que le futur est déjà dans l'esprit et par le souvenir que le passé y demeure encore. Quant au **présent**, il n'est qu'**un point évanescent qui n'a aucune étendue. Sans cesse, le moment présent devient passé et le futur s'actualise**. Le présent ne peut donc se mesurer puisqu'il est dépourvu d'étendue. Seuls l'attention, l'attente et le souvenir durent. Nous pouvons par notre esprit nous souvenir longuement d'évènements passés, nous pouvons attendre longuement le retour d'un ami et nous pouvons être longuement attentifs au fait que les objets de notre attention ne le seront bientôt plus. **Le passé, le présent et le futur ne se mesurent donc pas**.

Si nous avons conscience d'un temps long, ce n'est que comme conscience de l'écoulement du temps par l'attente, l'attention et le souvenir. **Le temps est toujours un présent pour la conscience**. Le temps **n'a donc pas d'être réel**, il n'existe que dans l'esprit et on ne peut le mesurer qu'à son écoulement. Il est fait d'instants successifs qui sans cesse tendent à ne plus être. Le présent est la disparition incessante de l'avenir dans le passé, de ce qui n'est pas encore dans ce qui n'est plus.

LE TEMPS, UN MODE D'ÊTRE DE LA CRÉATURE

Chez Augustin, **le temps n'est plus lié à l'espace, comme c'était le cas chez Aristote** (384-322 av. J.-C.). En effet, dans sa *Physique*, celui-ci affirme que le temps mesure le mouvement et que sans changement le temps n'existerait pas. Le temps n'est donc qu'un attribut du mouvement, « le nombre du mouvement selon l'antérieur et le postérieur ». Dit encore autrement, la conception aristotélicienne fait du temps une structure objective du cosmos.

Au contraire, **selon Augustin, le temps se situe dans le sujet humain**, lequel crée lui-même l'avenir et le futur qui sont des représentations de l'esprit : **le temps est un mode d'être de la créature**. Le passé, le présent et le futur n'ont donc pas d'existence objective, ils n'ont que l'existence que leur concède l'esprit humain. L'avenir existe par l'attente de l'âme, le passé par le souvenir et le présent par l'attention.

Dieu est par conséquent hors du temps, d'autant que, comme nous l'avons dit plus haut, c'est lui qui créa le ciel, la terre et le temps, ainsi que toutes les créatures. Augustin oppose donc l'éternité de Dieu au temps de la créature.

Dès lors, **pour trouver Dieu et tendre à son éternité, l'homme doit se détacher des dissipations de la vie**. Pour l'y aider, Dieu a envoyé son fils Jésus-Christ afin qu'il soit le médiateur entre les hommes et son père. « Oublieux du passé, sans me disperser dans les choses futures et transitoires, attentif seulement aux présentes » (livre 11, chapitre 29, p. 279-280), c'est ainsi qu'il faut chercher Dieu, explique le philosophe.

L'HOMME, UN ÊTRE TEMPOREL QUI DOIT DÉPASSER SA CONDITION

Pour Augustin, **l'homme est un être temporel qui tend au non-être**. Cette particularité humaine sera ultérieurement reprise par Martin **Heidegger** (1889-1976). Pour ce dernier, l'homme est *Dasein*, c'est-à-dire « être-au-monde », « être-là » et, par-là, « être-pour-la-mort ». Aussitôt qu'il nait, il est jeté dans le monde et tend vers sa fin qu'il doit assumer.

Dès lors, pour Augustin, l'homme doit chercher le chemin afin de **se détacher des choses matérielles**, c'est-à-dire des faux biens, afin de **tendre vers le seul véritable Bien qu'est Dieu**. Cette nécessité de se détacher des biens temporels, Augustin l'a puisée chez **Platon**. En effet, celui-ci affirme que la réalité est divisée entre deux mondes distincts :

- le monde visible ou monde sensible, celui des sens, qui n'offre aucune stabilité puisque par essence il est le mouvement, le changement et le particulier ;
- le monde invisible ou monde intelligible, hors de l'espace et du temps, qui est stable et constitué d'hypothétiques essences immatérielles, éternelles et immuables : les Idées. Celles-ci sont selon Platon des archétypes de la réalité d'après lesquels les objets du monde visible sont formés.

Le philosophe grec illustre cette distinction par son allégorie du mythe de la caverne, selon laquelle les hommes seraient enchainés devant un long mur, un feu dans le dos, et ne verraient que les ombres des vraies réalités. Selon Platon, il s'agit de réduire le sensible et le multiple dans l'un, dans l'Idée, puisque celle-ci constitue un modèle abstrait, éternel et immuable. L'Idée suprême est le Bien.

Ainsi, **Augustin réalise une synthèse entre le platonisme et le christianisme**. Les hommes, attachés à la réalité qui est la leur, ont à percevoir dans les choses sensibles les traits du vrai Bien, qui s'assimile à Dieu, afin de tendre vers lui. Il leur faut dépasser leur condition d'êtres temporels enchaînés aux plaisirs sensibles dans le but d'atteindre la vérité.

CONCLUSION

Le temps, chez Augustin, est **propre à l'homme** en tant qu'il **relève de son esprit**. C'est en effet par son esprit, sa capacité de mémoire et de prédiction, qu'il a conscience du temps. Augustin fait donc du temps un mode de l'être et non plus un attribut du mouvement.

Bien que lui-même temporel, **l'homme doit se détacher des choses matérielles et éphémères**. Dieu étant présent dans toutes les choses qu'il a créées, l'homme doit **chercher en elles les traits du Bien véritable qu'est le Seigneur**. Au même titre que chez Platon, l'homme doit s'élever vers ce qui est immuable, bon et grand. Pour Augustin, il importe donc de se détacher des plaisirs des sens et de chercher dans ce qui nous entoure (la création) les traces de Dieu afin de s'élever vers lui et d'accéder au royaume des cieux, lieu du vrai bonheur que tout homme recherche. Ainsi, l'homme quittera sa condition d'être fini et atteindra l'éternité propre à Dieu.

POUR ALLER PLUS LOIN

- AUGUSTIN, *Confessions*, Paris, GF-Flammarion, 1964.
- FOLSCHEID (Dominique), *Les Grandes Philosophies*, Paris, PUF, 1988.
- HEIDEGGER (Martin), *Prolégomènes à l'histoire du concept de temps*, Paris, Gallimard, 1979.
- HUSSERL (Edmund), *Leçons pour une phénoménologie de la conscience intime du temps*, traduction d'Henri Dussort, Paris, PUF, 1991.
- MAGEE (Bryan), *Histoire illustrée de la philosophie. De Socrate à nos jours. 2500 ans de philosophie occidentale*, Paris, Le Pré aux clercs, 1998.
- MERLEAU-PONTY (Maurice), *Phénoménologie de la perception*, Paris, Gallimard, 1985.

Rendez-vous sur lepetitphilosophe.fr et découvrez :

Plus de 1200 analyses
Claires et synthétiques
Téléchargeables en 30 secondes
À imprimer chez soi

ISBN version numérique : 9782806245496
ISBN version papier : 9782808001298
Dépôt légal : D/2017/12603/513

Conception numérique : Primento,
le partenaire numérique des éditeurs.

Made in the USA
Monee, IL
08 July 2026